1000 IDÉES

Bibliothèques & étagères

massin

Bibliothèques & étagères

LES REQUINS
Atlas des routes de France
VOGUE
HOMMES
STALLONE

Sommaire

Réalisée en MDF plaqué chêne, la bibliothèque s'adosse à la pente du toit sur plus de 4,50 m de hauteur. Les étagères sont fixées latéralement sur des montants cintrés. Rainurées à l'arrière, elles enrobent un tasseau mural ce qui leur évite de fléchir sous le poids des livres. Conçue comme un véritable meuble, cette bibliothèque dispose de rangements à doubles portes et tiroirs entre lesquels s'interpose un double plateau ondulant. Une fenêtre de toit intermédiaire est enveloppée par cet ensemble de belle facture.

UN MEUBLE CLASSIQUE

Autrefois, une maison bourgeoise ne pouvait s'envisager sans bibliothèque. La connaissance transitait par la lecture, et les livres prenaient un caractère relativement précieux qu'il convenait de respecter. Il n'est qu'à arpenter les boutiques d'ouvrages anciens pour en apprécier autant l'apparence que le contenu, reliures et tranches dorées ne faisaient pas exception, même pour les ouvrages enfantins. La bibliothèque destinée à regrouper ce savoir revêtait **une allure de meuble noble** par la qualité du bois utilisé et la configuration soignée de l'ensemble. **De nos jours, les livres devenus produits de consommation courante se contentent de moins d'apparat.** Ils gagnent les rayonnages qu'ils animent de couleurs et de formats multiples. **La bibliothèque a simplifié son style sans en sacrifier l'élégance.**

DE JUSTES PROPORTIONS

Les meubles bibliothèques présentent classiquement des rangements fermés en partie basse et des rayonnages répartis au-dessus entre les montants. De justes proportions sont à respecter pour que l'ensemble de la composition soit harmonieux. La partie fermée représente un tiers au maximum de la hauteur du meuble. En profondeur, elle est toujours supérieure de 5 à 10 cm. Le plateau intermédiaire entre rangements fermés et rayonnages doit déborder de quelques centimètres. Idéalement, le meuble mesure 35 à 40 cm de profondeur et les étagères 30 à 35 cm.

DES POIGNÉES FACULTATIVES

Parce qu'elles peuvent nuire à l'esthétique du meuble, les poignées gagnent à être supprimées au profit de jours passe-doigts ou d'un système « pousse-lâche ». On peut également réaliser des carrés en défonce dans les panneaux de porte pour permettre la prise en main. Les boutons de porte de même essence sont également garants de discrétion.

1. Pour alléger visuellement l'épaisseur des tablettes, celles-ci présentent une rainure à mi-épaisseur du chant. Comme toutes les bibliothèques de style classique, celle-ci dispose d'un fond de même essence que la structure. Des carrés discrets en défonce permettent de manipuler les portes montées sur pivots.

2. En occupant toute la surface d'un mur, la bibliothèque se présente en symétrie de part et d'autre d'une cheminée centrale. Portes, montants et tablettes sont en latté de 20 mm d'épaisseur, plaqué de merisier. Autour des modules ouverts, les montants s'habillent d'une alèse moulurée dont la réplique encadre les modules fermés inférieurs. Sur toute la longueur, le meuble est surmonté d'un rang de casiers qui passe au-dessus de la cheminée pour l'intégrer dans un environnement boisé. L'encadrement du miroir est en merisier pour créer un ensemble sans aucune rupture.

2

LES DÉTAILS QUI COMPTENT

Outre d'harmonieuses proportions, un meuble bibliothèque prouve son élégance par des détails importants. Un socle de 5 à 8 cm de hauteur prévu en retrait allège visuellement la composition et évite de buter en choisissant un livre. Il s'affiche comme une plinthe, mais l'intérieur étant creux, il est aisé d'y faire circuler des câbles électriques pour alimenter une prise de courant servant à brancher une lampe ou tout autre appareil. La corniche de finition souligne l'ouvrage et lui donne du style. On trouve des moulures prêtes à poser qui en font office. Bien qu'économique, cette solution n'offre pas toutes les possibilités d'une fabrication sur mesure. Un éclairage met la bibliothèque en valeur. Il peut s'agir de spots en basse tension encastrés sous le bord de la tablette supérieure, ou d'un éclairage indirect dissimulé par des alèses débordantes rapportées sur le chant des montants. L'accès aux livres placés en hauteur requiert une échelle comme le veut la tradition. Toutefois, son encombrement peut être dissuasif. Il convient de prévoir une barre d'accroche fixée sur les montants d'un bout à l'autre du meuble.

1. Abondamment garni de livres, ce meuble est en noyer massif. Allant du sol au plafond, ceinturé d'une corniche, il est rythmé par des rangements inférieurs qui se ferment à clé et une longue barre transversale en laiton qui permet d'accrocher l'échelle. Pour éclairer cet espace studieux, deux lampes en laiton sont fixées en applique sur les montants qui prennent du relief par l'ajout d'une planchette à chants biseautés.

2. Le pin caractérisé par les nœuds et la teinte dorée est choisi pour ce meuble bibliothèque. En partie basse, les tiroirs remplacent des façades traditionnelles qui nécessitent plus de hauteur. Les tablettes à chant travaillé reposent sur des petits cubes de bois vissés dans les montants, et viennent buter contre les boiseries qui couvrent les murs.

LES PANNEAUX PLAQUÉS BOIS

Particulièrement adaptés à la réalisation de meubles bibliothèque, les panneaux «décor» sont en aggloméré, latté, Médium ou contreplaqué revêtus d'une feuille de placage tranchée sélectionnée pour ses qualités décoratives. Ils s'achètent entiers ou débités aux cotes fournies, pour faciliter la manutention et alléger la tâche sur le chantier. En finition, les chants doivent être habillés d'une bande de placage collée, ou d'une alèse rapportée en bois massif. Le placage est proposé en différentes qualités.

1. Réalisée en noyer, la bibliothèque s'adosse à deux murs consécutifs. Les modules se rejoignent par une corniche moulurée. Le dessin des façades en partie inférieure est repris en soubassement de la fenêtre dont le tableau s'habille aussi de bois noble. D'esprit classique, le meuble comporte un fond, et des alèses moulurées rapportées sur le chant des montants.

2. Acajou et palissandre sont les essences choisies pour mettre en valeur les livres. En partie basse, des rangements fermés donnent une assise visuelle aux étagères plus étroites. Les montants courbés qui accompagnent cet écart adoucissent la ligne du meuble. En acajou massif, ils sont constitués de trois pièces séparées qui, en laissant passer le jour, allègent la structure. Les tablettes reposent sur des taquets en laiton vissés dans les montants. En partie haute, le meuble est couronné d'un panneau de forte épaisseur où s'encastrent des spots en basse tension. Au sol, il est surélevé, laissant apparaître les montants qui font office de piètement.

2

Le placage «ébénisterie» est dépourvu de défauts d'aspect, son grain est fin ce qui le prédestine aux meubles dont on souhaite particulièrement soigner l'esthétique. Le placage «menuiserie» est à choisir lorsque l'impact esthétique de l'ouvrage est moins valorisé. Son grain est fin à moyen. Le placage «contre balancement» présente un grain moyen à grossier. Destiné à équilibrer le panneau de fibres, il révèle des «défauts» d'aspect et se prête à des finitions de surface foncées.

3

1. Un kit modulable en panneau de particules plaqué bouleau. Il se compose de trois modules de 80 cm de largeur et 237 cm de hauteur en 28 cm de profondeur, dotés de 5 tablettes dont 4 sont réglables en hauteur (« Billy » Ikéa). Pour rythmer le meuble encastré dans un renfoncement, des tours pour CD et DVD de même conception viennent s'intercaler. Bien qu'ils soient destinés à être fixés au mur, ils sont ici vissés dans les montants des grands modules pour être stabilisés sur le même plan car leur profondeur n'est que de 17 cm. D'une largeur de 20 cm, ils intègrent 11 tablettes réglables (« Benno » chez Ikéa).

2. Réalisé en latté de 25 mm d'épaisseur replaqué en châtaignier, excepté les panneaux de portes à cadre (22 mm d'épaisseur) et les montants en bois massif, le meuble se distingue par la courbure du panneau latéral. Ce dernier est en contreplaqué de 5 mm, inséré dans la rainure d'un tasseau servant d'alèse. Cette bibliothèque originale s'équipe d'un fond et d'étagères de 25 mm. Un montage astucieux permet de rendre invisibles tous les modes de fixation.

3. Un style Louis XVI revisité pour cette bibliothèque réalisée en MDF peint en gris, et patinée. Les étagères posées sur taquets s'ajustent en hauteur pour s'adapter au format des livres et des bibelots. Les montants sont constitués de deux panneaux séparés par des tasseaux pris en sandwich ce qui permet de rapporter une alèse cannelée en façade. La partie inférieure plus profonde présente des façades à panneau classiques, séparées par des montants qui prolongent ceux du haut. Un détail élégant : les extrémités du meuble s'inscrivent en retrait de la partie centrale. La corniche apporte à cet ouvrage une finition raffinée.

LE BOIS MASSIF

Plus onéreux que le bois plaqué, le bois massif est choisi par les « puristes », notamment pour concevoir des bibliothèques garnies de tablettes épaisses. La résistance à la flexion est offerte par le mode d'usinage : le lamellé-collé ou le panneauté. Dans les deux cas, il s'agit de lames assemblées permettant d'obtenir des pièces longues ou très larges, de meilleure résistance qu'une simple planche de bois massif. Le lamellé-collé associe des lames de bois étroites et régulières de longueur variable. L'aspect qui révèle les différentes nuances d'une même essence est un atout esthétique. Le panneauté utilise des lames de bois plus larges, ce qui offre un aspect plus constant, proche d'une planche en bois massif. Autre avantage : les chants ne requièrent aucune finition particulière.

1

1. En chêne panneauté, sa conception de style classique se révèle par des rangements fermés en partie basse et le fronton qui lui donne tout son cachet. Les tablettes de forte épaisseur supportent le poids des livres d'art qui la garnissent, elles sont réglables en hauteur. Des alèses rapportées sur les chants des montants créent un rythme entre les lignes verticales et horizontales.

2. Du chêne massif fait de cette bibliothèque un meuble noble et de belle facture. Le plateau massif de 30 mm d'épaisseur se termine en arrondi comme les étagères d'extrémité. Ce galbe gracieux évite de se heurter en franchissant la porte d'accès à la pièce. Au centre, l'emplacement réservé aux disques compacts est réalisé en deux caissons superposés garnis d'étagères. Le caisson apparent s'articule sur pivots pour permettre l'accès au rangement du fond. En finition, le bois est protégé par un vernis polyuréthane satiné.

LES FINITIONS DE SURFACE

Réaliser un meuble bibliothèque avec des panneaux plaqués d'une feuille de bois ou du bois massif impose une finition de surface. Celle-ci ne doit pas masquer le veinage, elle est destinée à protéger le bois contre les taches et à faciliter son dépoussiérage. Pour une finition cirée, il convient en premier lieu d'appliquer un fondur pour boucher les pores du bois. Appelé également « bouche-pores » ou « anti-taches », ce produit s'applique à la mèche de coton sur les surfaces parfaitement propres et dépoussiérées. La cire de finition est naturelle ou légèrement teintée. Les vernis d'aspect mat ou satiné s'appliquent également après le fondur. Ils se passent en deux à trois couches fines et bien tendues, avec un léger égrenage entre chaque au moyen d'une laine d'acier n° 000.

3

1. Réalisé en chêne panneauté, le meuble bibliothèque joue l'alternance des creux et des pleins. Les rangements télescopiques affichent leurs façades adoucies par un vernis mat appliqué sur un fondur. Pour alléger visuellement cet ensemble, les tablettes sont en verre, elles reposent sur des taquets violon.

2. Les montants en châtaignier massif s'associent aux tablettes en bois de placage. La partie installée contre le versant du toit en épouse le degré d'inclinaison au-dessus de la partie verticale adossée au pied droit. Contre le mur de refend, le meuble reprend le même profil, pour s'inscrire dans la continuité. Un vernis satiné protège le bois, il est appliqué sur un fondur.

3. Le meuble intègre le radiateur qui disparaît derrière une façade ajourée permettant aux flux d'air de circuler. Les étagères reposent sur des taquets violon.

Larousse

Réalisée en contreplaqué de 19 mm et peinte, cette bibliothèque affirme le penchant littéraire de son concepteur ! Les montants ne sont pas perpendiculaires au plateau qui recouvre les rangements inférieurs, mais à la pente du toit. À leur base, le chant est donc biseauté pour trouver un appui stable et permettre la fixation par vissage en traversant le plateau.

UN MEUBLE MODULABLE

Traditionnelle contre un mur, **la bibliothèque est prétexte à de multiples interprétations** pour trouver un emplacement quelle que soit la configuration des lieux. **Sa composition qui réunit montants et étagères offre toute latitude de modularité,** pour cette raison, elle sait intégrer maison et appartement, de grand ou petit volume. En faisant preuve d'imagination, **la bibliothèque impose son style et son format,** l'implantation mérite réflexion pour adapter la structure aux contraintes existantes et l'intégrer dans la décoration ambiante. En panneaux de fibres à peindre, en bois de placage, plus ou moins profonde, vous n'aurez plus aucune raison de vous en priver.

JOUER SUR TROIS DIMENSIONS

Il est inutile de prévoir une profondeur supérieure à celle des livres. Si onze centimètres suffisent aux ouvrages de poche, comptez treize centimètres pour la majorité des ouvrages littéraires. En revanche, les livres d'art nécessitent nettement plus. Un inventaire s'impose donc pour envisager une bibliothèque fonctionnelle pouvant recevoir telle ou telle catégorie d'ouvrages sans perdre de place. Deux meubles complémentaires représentent souvent une solution pertinente pour caser ses livres selon leurs formats. La bibliothèque est le seul meuble à pouvoir s'inscrire entre sol et plafond à n'importe quelle hauteur, sans que cela nuise à l'esthétique. Un mur de livres est particulièrement attractif dans une pièce, un agencement en allège de fenêtre n'est jamais ridicule et tous les intermédiaires sont envisageables.

1. Implantée dans les combles, la bibliothèque en chêne dessine deux triangles de part et d'autre de la porte d'accès placée sous le faîtage. Les tablettes de faible profondeur accueillent des livres de formats standard. Un clair de jour débouche sur le palier permettant à la lumière de traverser le cloisonnement.

2. Transformée en habitation, cette ancienne boutique sur rue présentait une façade entièrement vitrée. La bibliothèque qui n'aurait pu trouver sa place contre un mur de la pièce longue et étroite, a pris corps contre la vitrine partiellement doublée. Les parties vitrées laissées à découvert animent le fond, elles ont été revêtues d'un film opalescent qui laisse passer la lumière en préservant l'intimité intérieure. Construit en panneauté de chêne, ce meuble présente un coffrage qui dissimule un poteau. Il est enrobé par les étagères fixées à l'aide de tourillons.

2

EN FORMATS MULTIPLES

Réalisée en finesse pour meubler un couloir ou une petite entrée, la bibliothèque trouve aisément sa place sous une fenêtre, en allège. Sous les combles, elle s'installe en épi ou à la base des rampants pour courir d'un bout à l'autre de la pièce. Toute niche est bonne à conquérir pour s'équiper de rayonnages. Et les modules à double entrée constituent une formule compacte pour occuper un angle sans empiéter sur la surface des murs.

1. En panneauté de chêne, particulièrement élégant en forte épaisseur (40 mm), elle se case en allège sous une cloison vitrée qui sépare le bureau du séjour. Montants et étagères sont assemblés par des tourillons. Montée sur un socle en retrait qui lui confère toute son élégance, cette bibliothèque tout en longueur est protégée par un verni mat.

2. Dans un studio de 20 m^2, cette séparation marque la rupture des niveaux. Sur 20 cm de large, elle est réalisée en contreplaqué cintrable plaqué d'okoumé. Surélevée sur des piètements chromés, pour affirmer sa légèreté dans l'espace, elle s'équipe de tablettes en verre de 2 cm d'épaisseur.

ANGKOR
DUNANT
LAND OF PROMISE

2

1. Conçue aux dimensions du panneau mouluré, cette bibliothèque en latté plaqué citronnier se fait légère et aérienne. De faible profondeur, pour s'afficher avec discrétion, elle s'équipe de rayonnages galbés qui affinent sa silhouette de profil. Pour soutenir le poids des livres sans recourir à des montants intermédiaires trop visibles, ceux-ci sont remplacés par des tiges de verre situées en retrait du bord. Elles sont engagées dans des trous borgnes de même diamètre.

2. Sous les fenêtres du couloir, elle meuble ce lieu de passage sans entraver la circulation. Des étagères standard (Ikéa), associées à des jambages qui en permettent la fixation, constituent cet ensemble fonctionnel et facile à réaliser.

3. Dans un renfoncement, formé par le conduit de fumée qui s'élève en biais, des étagères en chêne massif posées sur des tasseaux vissés reçoivent des livres de poids élevé. Forte épaisseur du bois et faible portée évitent le fléchissement.

1. Placée à côté d'un module ouvert, la bibliothèque s'empare des abords du conduit de fumée dévoyé. Les étagères en MDF, placées de part et d'autre de celui-ci, se retranchent derrière des portes en latté articulées sur pivots. Une fois fermées, elles viennent buter dans les feuillures latérales d'un panneau central fixe pour se placer dans le même alignement.

2. Sous les combles, des modules placés en épi libèrent la surface du pignon au profit des tableaux. Leur hauteur est adaptée à la pente du toit, allant du sol jusqu'au faîtage.

3. La hauteur sous plafond de ces combles est partiellement préservée. Pour accéder aux chambres, une passerelle étroite, accessible par un escalier gain de place, a été construite sans empiéter sur le volume de la pièce principale. Entre celle-ci et le mur de refend, la bibliothèque a trouvé son « coin », profitant de la hauteur totale sur 15 cm de profondeur. Elle présente deux colonnes, l'une étant de même largeur que la passerelle, l'autre plus étroite pour laisser de la place au radiateur dissimulé derrière un panneau grillagé.

LES FACILITÉS DU MDF

Disponible en nombreuses épaisseurs (de 1,8 à 60 mm), le MDF est volontiers retenu pour la réalisation de bibliothèques associant tablettes et montants de 19 à 38 mm. Sa structure permet de le moulurer et de le profiler aisément, notamment sur les chants, comme on le ferait avec du bois massif. D'autre part, les assemblages collés à tourillons offrent une résistance mécanique élevée. Ceux entrepris avec des chevilles plates (Lamello) ont une surface de collage supérieure et éliminent les effets de torsion. Les coupes sont faciles à réaliser sans risque d'éclatement. Pour les assemblages vissés, on utilise des vis à tige cylindrique (VBA). Une forte charge peut le faire fléchir à long terme. Pour cette raison, il est prudent de le prévoir en forte épaisseur. Cet inconvénient s'atténue lorsque le MDF est revêtu d'un placage en bois ou stratifié.

1. Facile à travailler, le MDF teinté dans la masse se découpe avec une scie à denture fine. Un léger chanfrein sur les arêtes suffit avant de le vernir.

2. Les assemblages avec des chevilles plates n'engendrent aucune fixation apparente et nécessitent une rainureuse. On procède en deux temps pour réaliser les rainures : d'une part à mi-épaisseur du chant d'un panneau, et d'autre part en vis-à-vis en bordure du 2e panneau, en changeant l'orientation de la machine. Tout assemblage nécessite un collage avec une colle à bois.

3. Ce meuble escalier présente des casiers ouverts sur les quatre faces. La résistance du MDF en 19 mm teinté dans la masse (Valchromat) est suffisante pour supporter le poids de la mezzanine et celui d'un adulte qui franchit les marches. Les assemblages au moyen de chevilles plates contribuent à la robustesse de l'ensemble.

3

1

2

LES FINITIONS DE SURFACE

La surface très lisse du MDF se prête à une finition de qualité en peinture, ou à l'application d'un vernis si l'on souhaite conserver son ton de bois ou sa couleur. En effet, il se fabrique aussi teinté dans la masse, ce qui accroît sa robustesse de 30 % par rapport à un MDF classique (Valchromat ou Topan Colour chez Isoroy).

La mise en peinture ne nécessite pas d'appliquer une sous-couche. Le MDF reçoit directement deux couches d'une peinture de finition, avec un léger ponçage entre elles. Les chants, une fois poncés, se peignent comme les surfaces horizontales. Par ses facilités d'usinage et de finition, le MDF est couramment plébiscité pour réaliser une bibliothèque.

Le vernis nécessite l'application préalable d'un bouche-pores. Il rehausse la teinte naturelle du matériau et la rend particulièrement chaleureuse.

1. Avant d'acheter des panneaux à base de bois pour réaliser un ouvrage, vérifiez s'ils portent le marquage CE. Il assure le traçage du produit et mentionne le fabricant qui s'engage sur sa conformité aux exigences de la norme « NF EN 13986 ». Le classement européen E1 atteste du peu de dégagement de formol, ce qui est profitable à la qualité de l'air ambiant.

2. Souligné d'un large bandeau peint en jaune, cet ouvrage est séparé en diagonale pour offrir un espace rangements et des rayonnages. L'ensemble en MDF de 19 mm présente un agencement graphique. Le chant des étagères est habillé d'une alèse large pour leur donner visuellement un effet plus massif.

3. Un mur de livres entièrement réalisé en MDF de 19 mm, peint en blanc satiné. La pose des rayonnages sur des taquets permet de les situer sur le même alignement entre les montants pour placer les livres de format standard. Dans la partie latérale, les espacements sont majorés pour placer les ouvrages d'art de grand format. Des équerres métalliques fixent les montants au sol et la tablette supérieure contre le mur.

LA POLYVALENCE DU CONTREPLAQUÉ

Stable et résistant, le contreplaqué est formé de feuilles (appelées « plis ») collées de part et d'autre d'une âme centrale et disposées à fil croisé, ce qui confère au panneau une résistance mécanique particulièrement élevée. Pour fabriquer une bibliothèque, le contreplaqué le plus usuel a des plis internes en pin, sapin ou peuplier, et des faces en bois exotique. En version haut de gamme, il est replaqué d'une feuille d'essence fine (qualité « ébénisterie »). Côté finition, teinture, cire ou vernis conviennent pour conserver le veinage. La peinture est également possible en deux couches minimum avec un égrenage intermédiaire. Lorsqu'il est revêtu de stratifié ou de mélaminé, il ne demande aucune finition, si ce n'est sur les chants. Un peu plus onéreux que les autres panneaux, le contreplaqué ne fléchit pas et ne se déforme pas, grâce au croisement des fibres des plis superposés. Lors du façonnage, des précautions doivent être prises pour éviter les éclats. Le sciage s'effectue côté contreparement, avec une lame de scie à denture fine. Un fraisage des trous requiert une vitesse lente pour éviter l'échauffement. Lors du perçage traversant, on place une cale en bois sous le panneau pour éviter les éclats en sortie de mèche.

1. Novateur, le contreplaqué 3 plis, composé de trois couches de bois, a pour caractéristiques la légèreté, une haute résistance et un aspect de bois massif. Idéal pour une bibliothèque de grand format, il accepte les longues portées. Les plis extérieurs sont faits de lames de toute longueur, le pli central est à contre-fil.

2. Graphique et aérée, la bibliothèque occupe une place prépondérante dans la pièce en habillant deux murs dans la continuité. En contreplaqué replaqué d'érable canadien verni, elle se distingue par la sobriété des lignes verticales et horizontales à espacements constants. Les assemblages par tourillons suppriment tout accessoire de fixation apparent.

2

LES AVANTAGES DU LATTÉ

Léger et stable, c'est le matériau d'excellence pour les bibliothèques disposant de rayonnages de grande portée, du fait de sa résistance mécanique. Il est constitué couramment d'une âme en tasseaux collés les uns contre les autres, puis recouverts d'une feuille de bois, ou plus rarement de 2 feuilles croisées (latté 5 plis). Ce mode de fabrication facilite l'usinage et les finitions de surface. Toutes ces qualités réunies justifient son prix, plus élevé que celui des autres types de panneaux. Les chants acceptent aisément une bande de placage thermocollée ou une alèse rapportée par collage.

1. Pour cet ouvrage, le latté 5 plis, revêtu d'un placage en chêne, trouve sa justification. La légèreté était de rigueur sur un plancher de combles, et la courbure des montants est facilitée par la nature du matériau. D'une épaisseur totale de 65 mm, les montants sont constitués de 2 panneaux prenant en sandwich des tasseaux de 30x30 mm. Sur le chant arrière, le tasseau est en retrait de manière à créer une rainure. La fixation des montants sur le mur se fait par emboîtement et collage sur des tasseaux muraux verticaux. Les étagères également constituées de 2 épaisseurs de latté (2 x 18 mm) intègrent des tasseaux en sandwich. La fixation murale s'effectue, comme pour les montants, par emboîtement des tablettes sur des tasseaux muraux. Tous les chants sont revêtus d'un placage en chêne thermocollé.

2. Pour séparer la grande pièce en deux parties, le meuble se fait bibliothèque, côté séjour – salle à manger, et s'organise en rangements, côté cuisine. La structure est donc massive, disposant d'un fond à mi-épaisseur. L'ensemble est en latté de 19 mm plaqué châtaignier. Les montants sont constitués de panneaux doublés, certaines étagères également, pour éviter toute monotonie en variant les épaisseurs. Entre les deux structures, un panneau en verre ouvre la vue et fait « respirer » le meuble.

1

2

LES PANNEAUX MÉLAMINÉS

Économiques, les panneaux mélaminés ne demandent ni finition, ni entretien. Ils sont constitués d'un support en aggloméré ou MDF, revêtu sur les deux faces d'une feuille décorative imprégnée de résines thermodurcissables, solidarisée sous pression et chaleur. Proposé en diverses épaisseurs de 8 à 22 mm, le mélaminé blanc, couramment utilisé en meuble de cuisine, mérite d'être réhabilité au séjour. Il sait se faire élégant, lorsqu'il présente un aspect bois dont il imite à la perfection certaines essences exotiques. En couleur, il crée des bibliothèques originales, mais les rayonnages doivent être relativement courts pour ne pas fléchir sous le poids des livres. Les chants s'habillent d'une alèse ou d'un placage thermocollé.

1. Les montants extérieurs sont doublés pour cacher les têtes de vis. Un système d'assemblage idéal pour pouvoir démonter la bibliothèque et la transporter lors d'un déménagement.

2. La bibliothèque est conçue à partir de structures indépendantes, constituées de montants de 19 mm d'épaisseur et 32 cm de profondeur, et d'étagères de même épaisseur en panneaux mélaminés noirs. Les fonds, en panneaux mélaminés hêtre, sont vissés dans le chant des montants et dans celui de 3 tablettes fixes par module. Les autres tablettes, modulables en hauteur, reposent sur des taquets violon. Les chants des modules accolés sont habillés d'une alèse débordante (60 mm) en hêtre massif. Ceux des tablettes sont de même épaisseur en façade et à l'arrière pour assurer la rigidité.

1

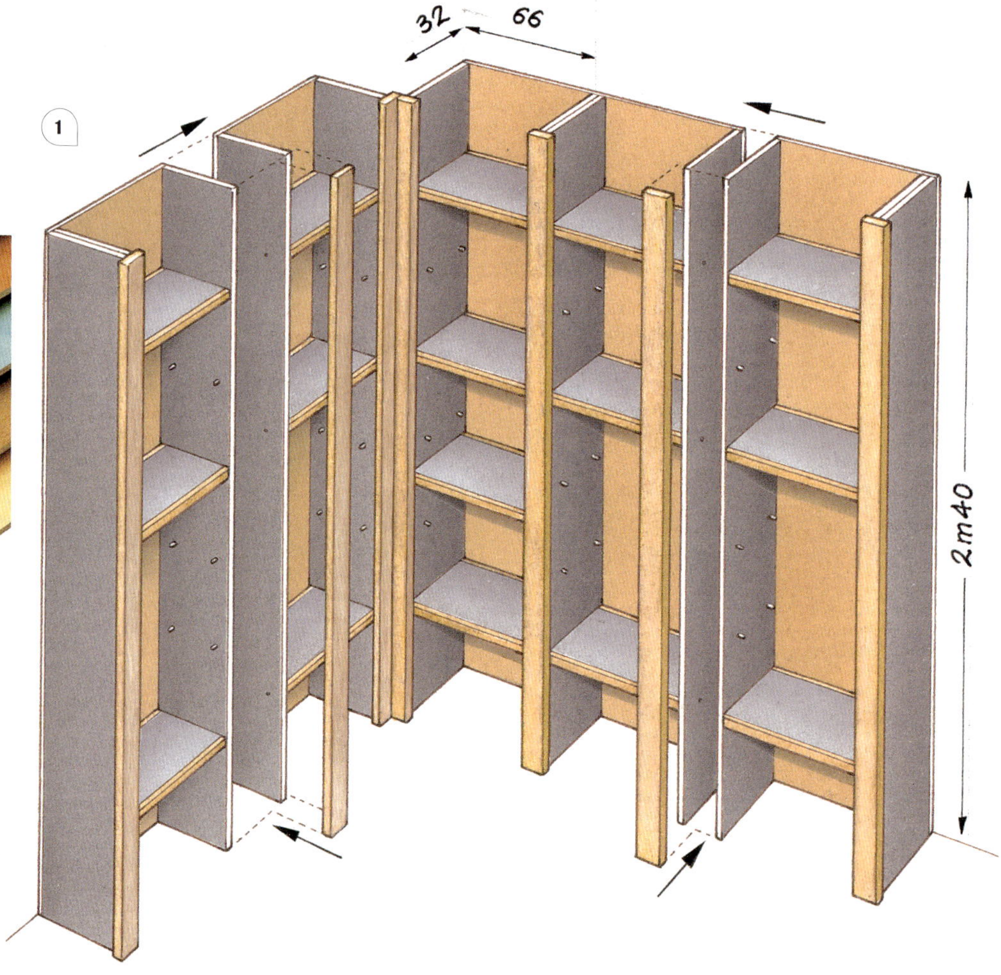

2

ACCÈS EN PASSERELLE

Dans une pièce haute sous plafond, la réalisation d'une passerelle présente de nombreux avantages pour profiter de sa bibliothèque en parfaite sécurité. Contrairement à une échelle qui peut s'avérer encombrante au sol et qui nous fait risquer la chute, la passerelle libère l'espace et assure le pas. Elle s'accompagne inévitablement d'un garde-corps plus ou moins conforme aux normes de sécurité selon les usagers. Lorsque des enfants vivent au foyer, il va de soi que l'aspect sécuritaire est primordial !

1. Pour accéder à l'étage de ce chai transformé, l'option d'une passerelle a été retenue pour limiter l'empiètement sur la pièce du rez de chaussé. Elle constitue un emplacement idéal pour installer une bibliothèque car c'est un meuble de profondeur réduite. On y accède par un escalier déporté sur le côté et adossé au mur. Il est simplement constitué d'une tôle d'acier de 4 mm d'épaisseur pliée. La tôle dessine les marches et les contremarches supportées par des tiges soudées ancrées dans le mur.

2. La hauteur sous plafond étant supérieure à 4 m, la réalisation d'une passerelle ne posait ici aucune difficulté. Sans garde-corps, elle est suspendue au plafond par des barres métalliques. Un pupitre court sur toute la longueur pour poser les ouvrages et les consulter sur place. Les étagères longues et épaisses sont fixées au mur par des tiges filetées qui en pénétrant à l'intérieur sur les 2/3 de la profondeur, interdisent tout fléchissement.

2
Norman Rockwell
NIEMEYER

1. Organisée sur deux niveaux pour bénéficier de toute la hauteur sous plafond, la bibliothèque en MDF peint s'affirme par la forte épaisseur des montants et des tablettes composés de 2 panneaux superposés de 25 mm. Une passerelle permet d'accéder aux rayonnages les plus hauts. Une balustrade en verre et métal laisse toute la transparence en assurant la sécurité.

2. Le plancher de la passerelle, conçue en structure métallique, comporte une rangée de dalles de verre feuilleté de 70 cm de côté à l'aplomb de la bibliothèque pour conduire la lumière de bas en haut. Elle se prolonge par du parquet. Quelques étagères en verre, réparties dans le meuble, allègent visuellement l'ensemble sans désorganiser le rythme des casiers carrés tous identiques.

3

3. La mezzanine réservée au couchage se prolonge par une passerelle offrant l'accès à la bibliothèque qui tapisse le mur. En dessous, des rangements profitent de la profondeur et occupent toute la longueur. L'ensemble est en panneaux d'aggloméré plaqué chêne, les montants réalisés comme des coffrages intègrent une ossature en tasseaux pour bénéficier d'une forte épaisseur. Ils sont fixés au sol et sur les solives et s'intercalent entre des étagères plus fines montées sur des tasseaux cachés. Un vernis mat laisse au bois son aspect naturel.

MONDRIAN
EN PASSANT

Inspirée de l'œuvre de Mondrian, l'asymétrie de la mise en couleurs fait oublier la symétrie de la conception, organisée sur des modules carrés de 35 cm de côté. L'absence d'un montant ou d'un rayonnage transforme le module en niche de 70 cm de hauteur ou de largeur. En MDF de 30 mm d'épaisseur, la bibliothèque dispose d'un fond qui la solidarise au mur. En façade, des alèses rapportées donnent une impression d'épaisseur, celles qui sont peintes en noir apportant au meuble toute sa dimension esthétique.

ASTUCIEUSES & GRAPHIQUES

Le manque de place conduit à trouver des solutions inventives pour caser ses livres tout en préservant le volume habitable. Suspendue au mur, lovée dans un renfoncement, aménagée dans la montée d'escalier, **la bibliothèque peut également faire double emploi** en servant de séparation de pièce ou de balustrade, ou se dédoubler pour offrir une grande capacité de rangement sur une largeur réduite. **Le bois s'associe à d'autres matériaux** pour accentuer le graphisme et dévoiler une esthétique nouvelle en **faisant de la bibliothèque un meuble décoratif autant que fonctionnel,** qui se démarque d'un agencement traditionnel. Entre les rayonnages et les montants, le rythme est modulé par l'expression des matériaux mis en scène.

BIBLIOTHÈQUES EN SUSPENSION

Les bibliothèques suspendues comptent parmi les solutions gain de place. En libérant toute emprise au sol, elles ménagent des aires de circulation dans les pièces étroites et leur aspect « aérien » ajoute à l'esthétique d'ensemble. Certaines se complètent de structures de rangements autonomes qui en reprennent le style pour créer des ensembles originaux et sur mesure, en adéquation avec le lieu qui les accueille.

1. Une double profondeur caractérise cet ensemble en MDF laqué. Au centre, un caisson en saillie est réservé aux livres anciens reliés, de grand format. De part et d'autre, des étagères de 13 cm de profondeur conviennent aux livres de poche et disques compacts. Le passage d'accès est préservé le long du lit pour que cette chambre, de dimensions modestes, conserve un volume agréable.

2. Une astucieuse bibliothèque pour cette petite chambre lovée sous les toits. En bois de placage, elle est suspendue au plafond et suit la pente du toit. Elle se dessine en escalier, en présentant trois niveaux sous la partie de la pièce la plus haute pour terminer en simple tablette au chevet du lit. Des tiges inox, réparties sur la longueur des casiers, évitent aux livres de se coucher.

3. En latté plaqué érable, cet ensemble d'esprit contemporain valorise le moulurage ancien du mur. Pour la fixation des parties hautes, des vis traversent successivement le fond et deux tasseaux d'appui préalablement fixés au mur. En complément, des tiges de verre encastrées deux par deux dans les montants aident à supporter le poids. Elles pénètrent également dans l'épaisseur des montants des structures posées sur le sol. Cette composition graphique libère un espace mural central occupé par un tableau (Simon Hantaï).

1. Le principe de l'empilage permet d'effectuer un montage sans fixation apparente. Les tourillons à demi enfoncés dans chacune des parties à assembler sont collés dans les trous.

2. La tablette doit être ajustée et calée pour être percée en prolongeant les trous dans le chant des montants. Elle est ensuite dégagée pour coller les tourillons dans les chants avant l'assemblage.

3. Les tablettes horizontales d'un seul tenant sont traversées par des tourillons de 36 mm de longueur qui s'encastrent dans les chants haut et bas des séparations verticales (23 cm de profondeur et 12 mm d'épaisseur) selon le principe de l'empilage.

4. Cet ensemble en chêne associe la bibliothèque suspendue à des rangements intégrés sous un banc. Le cadre du bloc mural est constitué de quatre éléments de 19 mm d'épaisseur en 25 cm de profondeur assemblés à queue d'aronde. Le bord arrière du cadre comporte une feuillure permettant d'intégrer le panneau de fond en contreplaqué peint comme le mur.

3

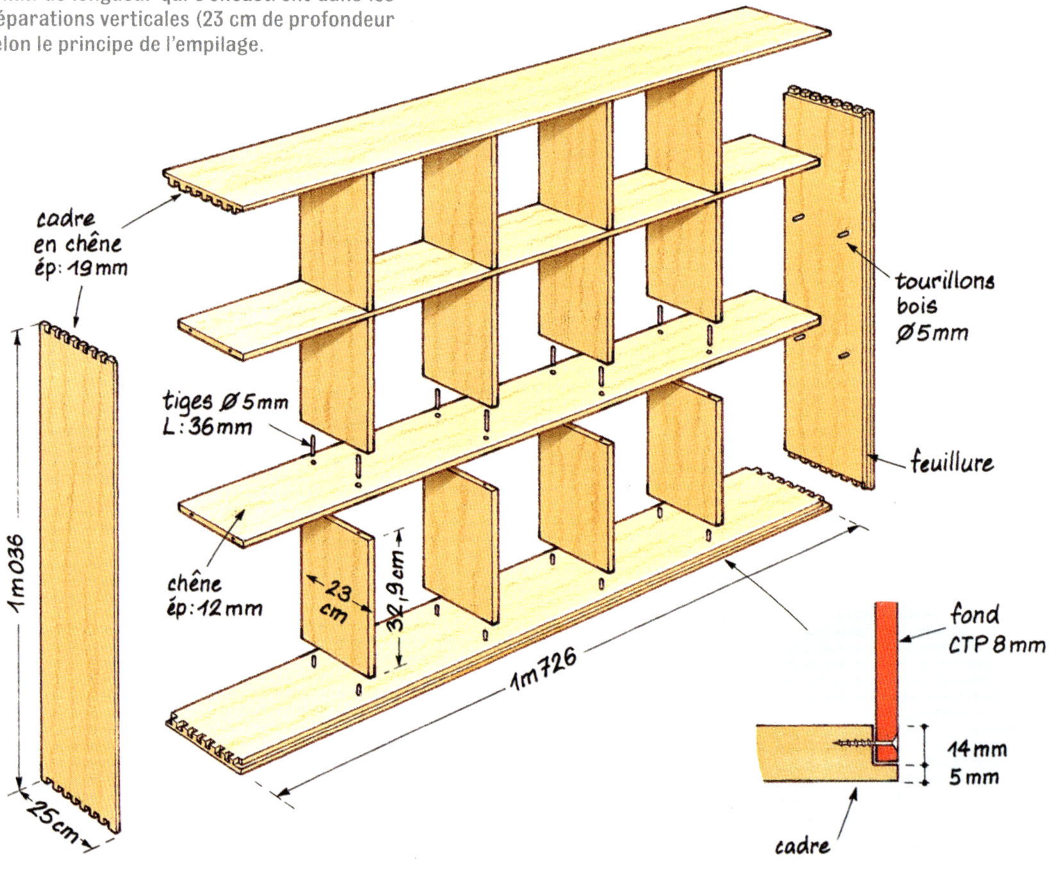

1. Un volume de pièce remodelé sans réduire l'espace de vie. L'ensemble en latté plaqué palissandre de Santos est d'une élégance raffinée. Les étagères murales s'encastrent à mi-bois dans les montants et sont fixées au mur de manière invisible. Le chant arrière est percé de trous prévus pour recevoir des tiges filetées chevillées dans le mur. En dessous de la bibliothèque, une composition assortie en style est constituée de deux blocs de rangements suspendus au mur, à distance du sol. Le meuble hi-fi intermédiaire en latté plaqué de Zébrano repose sur le sol.

2. Elle est formée d'un panneau mural en bois, revêtu d'une tôle et d'étagères en métal, plié aux extrémités qui présentent chacune un graphisme différent. Calée dans l'angle de deux murs et suspendue, elle n'entrave pas la circulation dans la chambre et s'affirme comme un élément décoratif majeur.

3. Complémentaire du bureau qu'elle surmonte, cette bibliothèque épouse l'angle des murs et joue sur l'élégance des courbes. En pin massif, elle se compose d'étagères aux extrémités arrondies fixées sur les montants intermédiaires selon le principe de l'empilage.

AUTOUR DE LA CHEMINÉE

La présence d'un conduit de fumée en saillie offre l'opportunité de créer une bibliothèque de part et d'autre du foyer pour récupérer l'écart de niveau. Qu'il soit incliné ou vertical, le conduit n'est pas un handicap, il permet au contraire de tirer parti de son profil pour réaliser un agencement hors du commun, défiant les lois de la symétrie. Le foyer central valorisé au cœur de cet ouvrage invite naturellement à la lecture dans une chaleur complice.

1

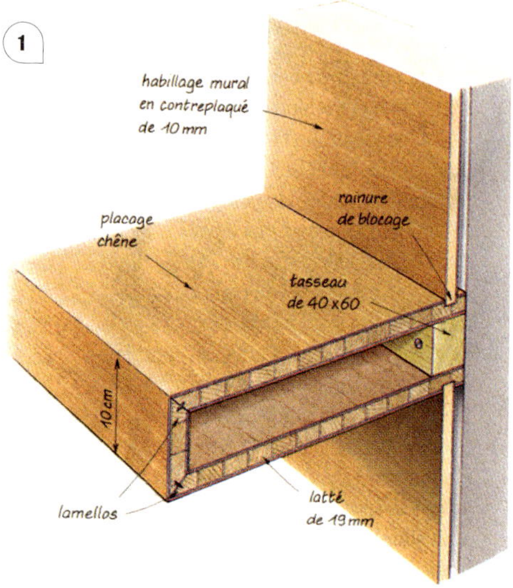

2

1. Les étagères de 10 mm d'épaisseur sont réalisées comme des petits coffrages emboîtés à l'arrière dans des tasseaux muraux, intercalés entre les panneaux.

2. Conçues simultanément, bibliothèque et cheminée s'habillent de contreplaqué plaqué chêne. Le conduit de forme cylindrique trouve un judicieux compromis avec le galbe de la cheminée. Les étagères de forte épaisseur animent avec élégance le fond boisé composé de plusieurs panneaux. Ils prennent appui sur les étagères.

3. Tout en élégance, gorgée d'ouvrages reliés, la bibliothèque occupe toute la place de part et d'autre du conduit et suit la pente du toit. Le foyer en évidence affirme son style contemporain dans une ambiance classique où les meubles d'époque ont la part belle. En MDF, les rayonnages sont alignés pour former de grands casiers rectangulaires.

1. Une mise en scène magistrale dans un parfait équilibre architectural. Le conduit de fumée qui s'étire en biais disparaît derrière un habillage remodelé. Réalisé en carreaux de plâtre, cet habillage présente des décalages de niveaux d'un côté et se prolonge au-delà du foyer. Paré d'une mosaïque (Noël Vérin), il est relié aux bibliothèques conçues en MDF. Des alèses rapportées sur les chants augmentent visuellement la section des tablettes et des montants.

3

2. Le conduit dévoyé s'intègre dans un habillage composé de blocs superposés en décalage. Les rayonnages en chêne semblent les séparer, alors qu'ils ont été découpés entre les blocs pour contourner le conduit. Par leurs longueurs variées, ils reprennent le dégradé de la structure centrale.

3. Réalisée avec des planches en pin, la bibliothèque enrobe la cheminée en béton et s'adosse au mur en biais peint en bleu qui intègre le conduit. Dans le prolongement, l'autre partie des rayonnages se dote d'un fond en bois destiné à créer une séparation entre l'entrée et le séjour.

LES BIBLIOTHÈQUES MOBILES

Elles coulissent, pivotent, s'articulent, ou s'escamotent… Les bibliothèques mobiles font double emploi. Mis à profit pour remplacer une porte, doubler la capacité de stockage, ou séparer une pièce à la demande, ces meubles astucieux font appel à des systèmes performants permettant de les manipuler en souplesse. Ils surprennent dans le décor et remédient avec intelligence au manque de place.

1. La rotation s'effectue en deux temps. Le module extérieur se replie puis entraîne le second relié au mur, dans son glissement final le long du mur de la chambre. Les modules sont articulés par un système de profilés aluminium (« Combitech »), et montés sur des roulettes multidirectionnelles. Côté mur, ils sont maintenus par une tige métallique qui traverse le meuble sur toute la hauteur. Celle-ci est insérée dans une naissance fixée au sol et dans une équerre murale en partie haute.

2. Les rayonnages reposent sur des taquets réglables en hauteur associés à des crémaillères encastrées dans l'épaisseur du bois. La partie fixe du meuble dispose d'un fond à mi-largeur sur la moitié de sa hauteur pour placer des livres de part et d'autre. En partie inférieure, la façade crée un adossement pour le canapé et permet de disposer de rangements profonds de l'autre côté.

3. Conçue en deux parties dont l'une est mobile et articulée, la bibliothèque sépare à la demande le séjour et la chambre d'amis. Réalisée en latté plaqué chêne de 19 mm d'épaisseur, elle mesure 30 cm de profondeur et n'atteint pas le plafond pour ménager le passage de lumière. Une porte isoplane intermédiaire relie les deux structures.

LES BIBLIOTHÈQUES MOBILES (SUITE)

1. Cette bibliothèque séparative est composée de deux parties dont l'une est fixe, tandis que l'autre s'escamote dans un coffrage pour offrir un passage vers la pièce attenante. Le bloc autonome mobile est relié à deux rails fixés sous la tablette supérieure. En partie basse, un guide vissé dans le sol contrôle sa course. L'ensemble est en panneaux mélaminés de 22 mm d'épaisseur, des alèses en bois massif habillent les chants. Des crémaillères fixées sur les joues offrent une liberté totale de réglage de niveau des tablettes.

2. Livres de format «poche» et autres disques compacts se trouvent, ici, en double épaisseur, regroupés dans une structure pivotante de 25 cm de profondeur munie d'un fond intermédiaire. Lorsqu'elle est ouverte, on découvre que, derrière, d'autres étagères complètent l'assortiment.

2

maisons paysannes
et vie traditionnelle
en AUVERGNE
KLAVIERSONATEN
TOUT L'OPÉRA
Les introuvables du Ring
MOZART

1. La cheminée est encadrée par des modules fixes qui s'alignent sur l'avant du foyer. En été, elle disparaît sous des bibliothèques coulissantes. Réalisés en zébrano massif de 30 mm d'épaisseur, montants et étagères bénéficient d'assemblages par chevilles plates. Les caissons mobiles se déplacent aisément, car ils sont montés sur des roulettes guidées par un rail encastré au sol. En partie haute, un guide relie l'arrière de chaque module aux caissons fixes.

2. Deux modules coulissants de 25 cm de profondeur superposent une bibliothèque fixe pour augmenter la capacité d'accueil. Laqué blanc, cet ensemble associe du MDF en 40 mm d'épaisseur pour les montants, les tablettes fixes et en 30 mm pour les étagères modulables posées sur des taquets. Le système coulissant se compose de deux roues à gorges fixées sous chaque module et roulant sur un rail encastré dans le parquet. En partie haute, les modules sont pourvus d'un guide qui glisse en rainure sous l'habillage de la poutre.

2

COMPLICES DE L'ESCALIER

Lorsque la place fait défaut dans les pièces à vivre, on parvient à caser ses livres dans la cage d'escalier et aux abords ! La bibliothèque joue alors les garde-corps et autres petits ponts ou accompagne la volée de marches en s'interposant entre celles-ci et le mur. Autour d'une trémie, elle supprime visuellement le vide conditionné par celle-ci et s'affirme comme un véritable meuble enveloppant. Côté proportions, ces bibliothèques se croient tout permis.

3

1. Autour de la trémie ou dressée contre les murs, les bibliothèques sont de même conception. Les tablettes supérieures et inférieures sont vissées dans les chants haut et bas des montants. Entre elles, les autres tablettes restent amovibles, posées sur des taquets engagés dans des crémaillères encastrées dans les montants. Ceux-ci espacés de 40 et 50 cm évitent aux tablettes de fléchir sous le poids des livres. L'absence de montants dans les angles allège visuellement les structures. Pour éviter aux tablettes de basculer, elles sont bloquées par des cales en bois vissées dans les montants aux creux des angles.

2. Simplicité pour cette bibliothèque qui suit l'envolée des marches. Bien que rabotées, les planches de pin qui ont servi à la fabriquer ont conservé leur aspect rustique. D'un côté, les tablettes sont bloquées entre le limon et le mur, à l'opposé, elles sont fixées sur un montant qui va du sol au plafond. Des entretoises réparties entre ces grandes planches évitent le fléchissement.

3. En bordure de trémie, les rayonnages se dressent en garde-corps. Compte tenu de l'épaisseur de cette structure (35 cm), la hauteur normalisée à 110 cm est ramenée à 90 cm sans que cela nuise à la sécurité. En MDF laqué de 19 mm, la bibliothèque présente des casiers en formats multiples. Elle dispose également de rayonnages au verso sur une partie de la longueur.

1. Une descente de marches ouverte sur une perspective vivante. Lors de la restructuration du volume, l'architecte a fait preuve d'imagination en créant une niche destinée à accueillir les livres. Les tablettes sans fixation apparente sont emboîtées latéralement sur des tasseaux muraux. Leurs chants présentent donc des rainures pour réaliser les emboîtements.

2. Transversale à la montée de l'escalier, cette bibliothèque est un peu difficile d'accès... Mais elle s'avère très utile pour conserver les ouvrages lus et relus ! En latté peint, elle est fixée contre les parois et suspendue au-dessus du vide. La partie inférieure est garnie d'étagères de l'autre côté pour réserver une surface d'accrochage aux œuvres plaisantes à regarder en descendant les marches.

3. Une configuration singulière pour cette bibliothèque sous les combles qui joue sur les combinaisons de couleurs et de matériaux. Installée dans le prolongement d'un bureau qui court le long du rampant, elle se poursuit au-dessus de l'escalier par un module qui prend l'allure d'un petit pont. La structure principale qui s'élève du sol jusqu'au palier d'étage offre des niches sur plusieurs faces. En carreaux de plâtre dans la partie inférieure, elle se poursuit en MDF teinté dans la masse (couleur anthracite, « Topan Colors » chez Isoroy), ou naturel et laqué en rouge. Le plateau, teinté à l'eau puis verni, révèle en transparence l'aspect de l'OSB (panneau à base de lamelles orientées).

3

EN MAÇONNERIE

Carreaux de plâtre, béton cellulaire ou béton brut sont des alternatives au bois, occasionnant une mise en œuvre plus lourde. Cependant, une bibliothèque maçonnée reste économique et permet de jouer sur les épaisseurs des montants et des étagères. Elle ne craint pas la charge des livres et peut s'offrir des fantaisies de modelages qui suppriment la rigueur des lignes. Reste à savoir si le plancher peut en supporter le poids ! D'une manière générale, ce type d'ouvrage est à réserver aux pièces de plain-pied pour éviter tout risque de surcharge. Lors de la construction, un apport d'humidité à l'intérieur de l'habitation est inévitable, c'est un inconvénient à prendre en considération.

Les carreaux de plâtre

Faciles à travailler, les carreaux de plâtre se découpent avec une scie égoïne à grosse denture. Ils s'assemblent par emboîtement, car ils sont pourvus de rainures et de languettes. Pour monter la bibliothèque par empilage des tablettes sur les montants, les languettes doivent être supprimées. Tous les assemblages se collent avec une colle à plâtre. Une finition de surface est nécessaire après des reprises à l'enduit et une couche d'impression. Un replâtrage manuel permet d'arrondir les angles et les chants.

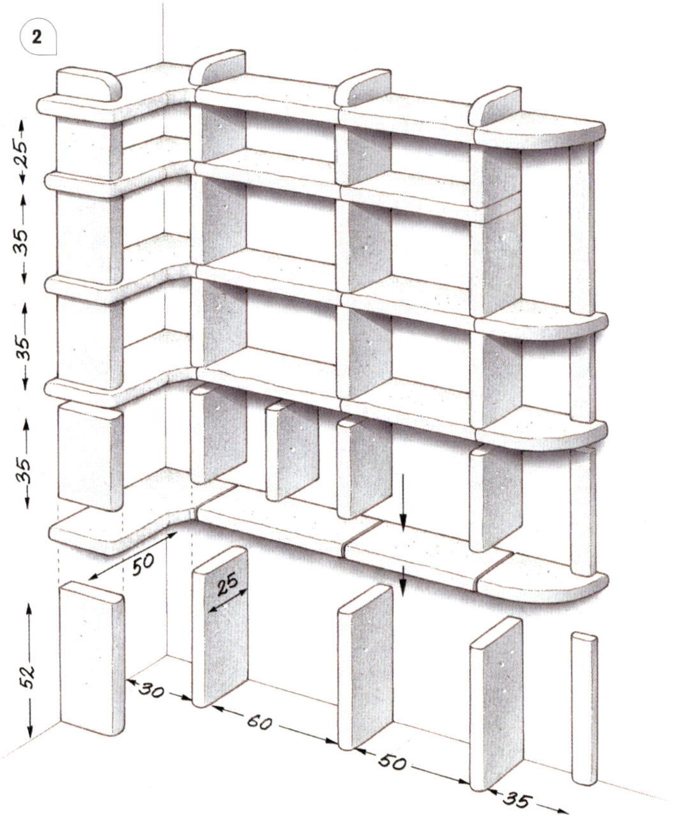

1-2. En béton cellulaire de 5 cm d'épaisseur, revêtu d'une peinture acrylique mate pour évoquer l'aspect de la chaux, elle est composée d'éléments collés. La colle blanche, bien lissée, crée des raccords invisibles. Le béton cellulaire est découpé à la scie égoïne aux dimensions voulues, les angles arrondis, sciés dans un premier temps, sont ensuite travaillés au chemin de fer et poncés. À la base, les montants sont collés sur le sol et au mur, puis les étagères sont à leur tour collées et jointives à mi-largeur des montants. Par un jeu d'empilage, sans vis ni accessoires de fixation autres que de la colle, ce type de bibliothèque est particulièrement simple à réaliser.

3. Confondue dans le mur par la mise en couleur, elle est construite en carreaux de plâtre de 5 cm d'épaisseur, replâtrés, et modelés à la main sur les chants et dans le creux des angles. Les étagères, plus traditionnelles, sont en bois et reposent sur des corbeaux de plâtre. Cette mise en scène spectaculaire cède le devant de la scène aux livres et sculptures accompagnés de multiples objets qui animent l'ensemble.

3

1

1. Les montants épais sont en parpaing enduit pour offrir un rythme cadencé. Entre eux, les tablettes en bois présentent des chants profilés.

2. Les éléments empilés sont collés entre eux avec une colle pour béton cellulaire. On tient compte du format des carreaux pour limiter les coupes. La profondeur du socle correspond à la hauteur d'un carreau (50 cm). Celle des étagères est égale à la moitié de leur longueur (31,5 cm).

3. À géométrie variable, la bibliothèque en béton cellulaire de 7 cm d'épaisseur présente des formats de casiers calqués sur les éléments qui les remplissent. Si les disques et les albums ont la part belle, les livres pourront à leur tour remplir les cases vides! Pour simplifier le montage, la longueur des tablettes est égale à la plus grande dimension des carreaux, soit 62,5 cm. Seule une tablette dépasse cette longueur, ce qui nécessite un raccord. Il est consolidé par deux profilés métalliques encastrés sous les carreaux jointifs dans des rainures creusées au ciseau à bois. Le montage est réalisé comme un «jeu de construction».

Les parpaings

En béton, les parpaings pèsent très lourd! Leur emploi se justifie par choix économique et esthétique, si l'on souhaite des montants très épais entre lesquels on placera des tablettes en bois. Toutefois, le montage au mortier et la finition de surface apportent de l'humidité dans la pièce. En outre, le perçage n'est pas facile pour fixer les tasseaux supports des tablettes.

Le béton cellulaire

Plus légers que les carreaux de plâtre, les carreaux de béton cellulaire se découpent aisément à la scie égoïne. Pourvu que les raccords collés soient parfaitement nets (avec une colle pour béton cellulaire), ils peuvent se dispenser d'une finition de surface, ou recevoir une simple couche de peinture qui, d'aspect mat, évoque l'apparence d'un chaulage. Pour abouter deux carreaux sur un plan horizontal, le collage doit être renforcé par deux profilés métalliques encastrés dans l'épaisseur du matériau.

2

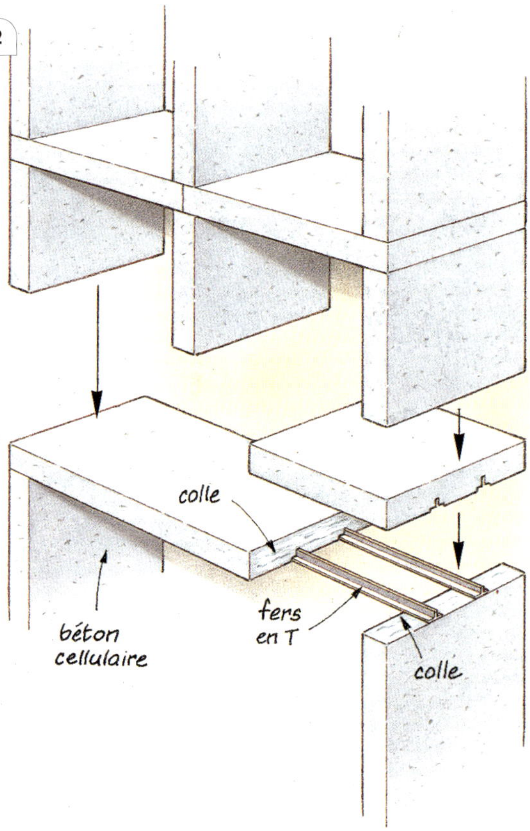

ALVAR AALTO
ALVAR AALTO
ALVAR AALTO
mes voyages
fernand léger
LAROUSSE XXe SIÈCLE
DEGAS
L'INDE
JOURDAIN
LA VILLE ET SON EAU
LE METRO
la cathédrale
LE VOYAGE

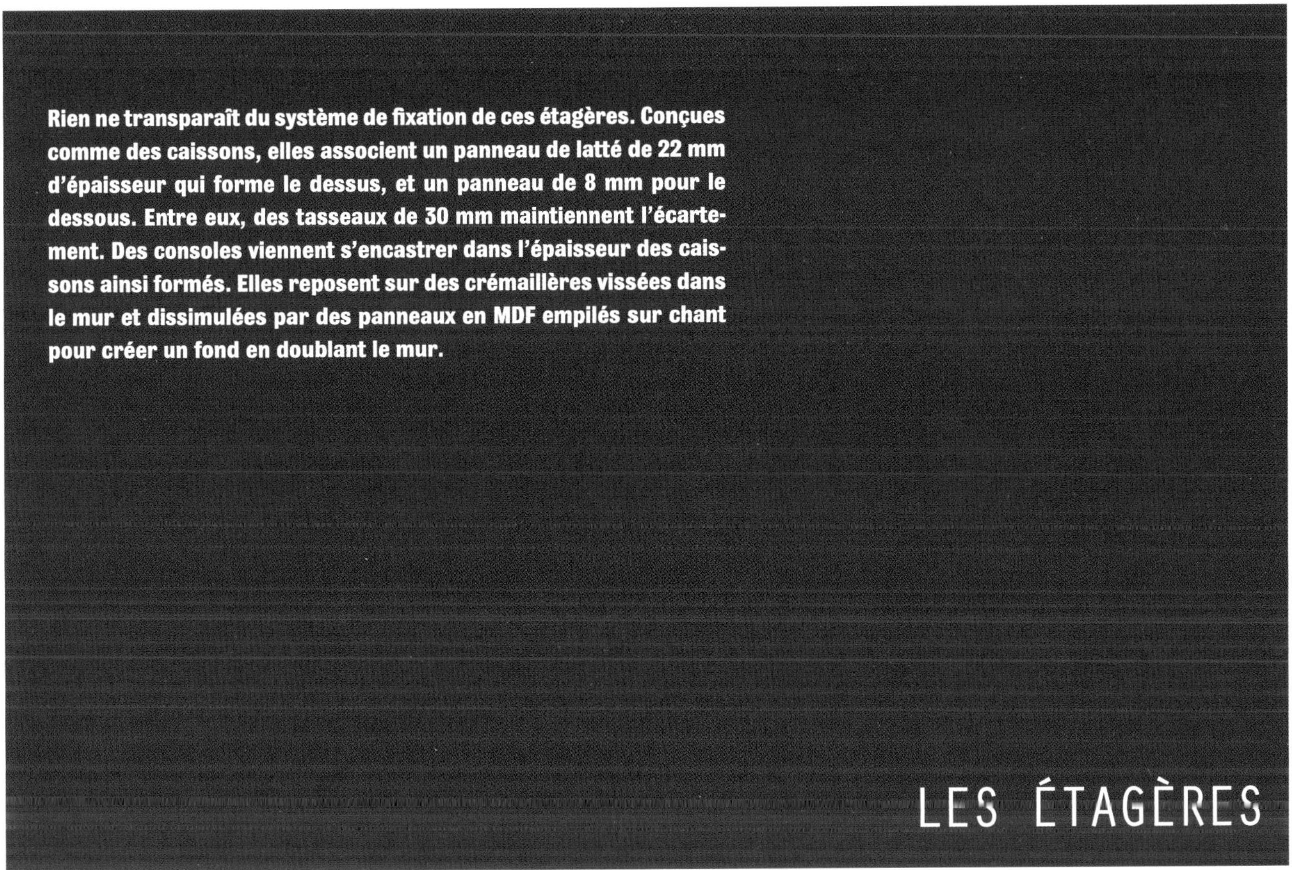

Rien ne transparaît du système de fixation de ces étagères. Conçues comme des caissons, elles associent un panneau de latté de 22 mm d'épaisseur qui forme le dessus, et un panneau de 8 mm pour le dessous. Entre eux, des tasseaux de 30 mm maintiennent l'écartement. Des consoles viennent s'encastrer dans l'épaisseur des caissons ainsi formés. Elles reposent sur des crémaillères vissées dans le mur et dissimulées par des panneaux en MDF empilés sur chant pour créer un fond en doublant le mur.

LES ÉTAGÈRES

En version traditionnelle, la bibliothèque est conçue avec des montants et des étagères. **Les modes de fixation varient** selon que l'on souhaite des étagères fines ou épaisses, avec ou sans support apparent, fixes ou réglables en hauteur. L'ajout d'un fond conditionne également le mode de fixation. À ces choix esthétiques s'ajoutent **les contraintes liées à leur longueur,** les portées ne devant pas engendrer le fléchissement. **Originales, les bibliothèques sans montants** font peser tout le poids des livres sur les étagères qui **paraissent suspendues dans l'espace.** Il va sans dire que leur fixation au mur requiert des systèmes fiables et résistants. Les équerres basiques se remplacent par des astuces de montage invisible qui permettent notamment de réaliser des étagères épaisses, plus adaptées, esthétiquement parlant, en l'absence de montants.

LES FIXATIONS APPARENTES

La pose sur tasseaux apparents est le système le plus classique, à réserver aux bibliothèques dont le critère esthétique ne représente pas l'essentiel. Les tasseaux percés de part en part ont leurs trous fraisés pour encastrer les têtes de vis. Ils se vissent dans les montants et créent des supports inévitablement apparents. Une astuce consiste à les réaliser plus court que la profondeur des tablettes et à tailler l'extrémité en biseau pour les rendre plus discrets.

LES FIXATIONS DISCRÈTES

Le recours aux cornières en L de même épaisseur que les tablettes est à envisager par facilité (ou gain de temps). Vissées contre la paroi d'adossement et sur les montants, les trois cornières créent des appuis d'autant peu visibles s'ils sont revêtus de peinture comme leurs supports. Les cornières latérales peuvent aussi être remplacées par des tourillons à demi encastrés dans les montants et dans des rainures réalisées sous les tablettes. Une fois rebouchées à la pâte à bois avant la mise en peinture, les rainures se feront totalement oublier. Les corbeaux destinés à supporter les étagères peuvent se réaliser en bois ou en plâtre, selon le matériau des montants auxquels ils seront assortis. Ils créent un rythme particulier et contribuent au décor en faisant oublier leur fonction initiale. Pour les corbeaux en plâtre, on commence par fixer un tasseau dans les montants puis on l'enrobe avec un mélange de plâtre à modeler et de filasse en fermant l'angle entre l'arête du tasseau et le montant. Pour les corbeaux en bois, on utilise un tasseau de forte section que l'on coupe (ou que l'on fait couper) en diagonale d'un bout à l'autre. Les équerres courtes associées à des tasseaux peuvent servir de supports d'étagères. Comparées aux équerres classiques en bois ou en métal, elles représentent une variante pour personnaliser son montage.

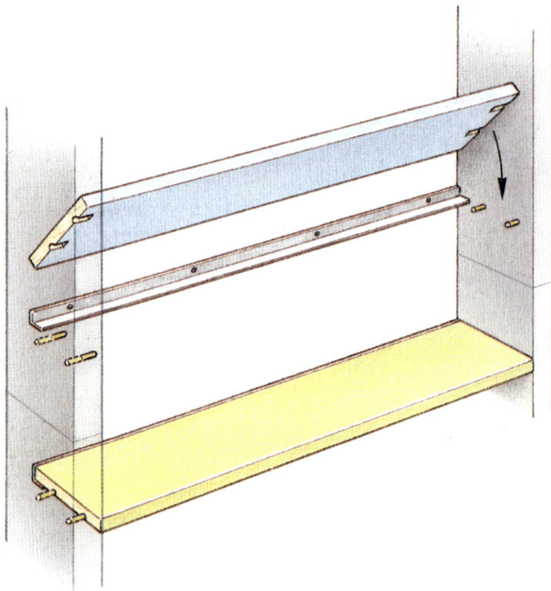

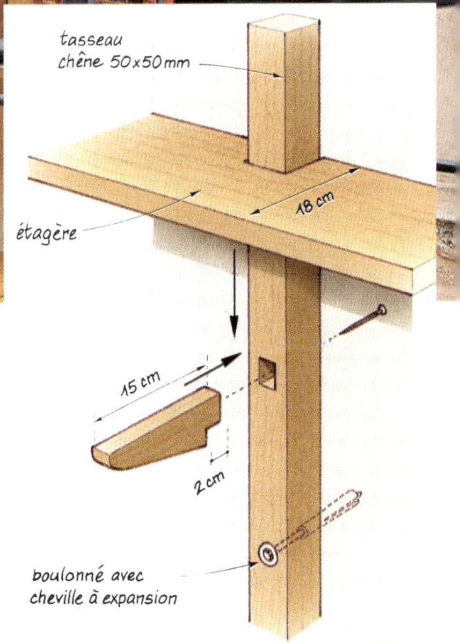

1. Entre des montants en carreaux de plâtre de 7 cm d'épaisseur, les étagères reposent sur des corbeaux plâtrés. Dans l'angle des deux murs, elles sont reliées par des tourillons et soutenues par des taquets en plâtre.

2. Cette bibliothèque rustique, lourdement chargée, utilise des tasseaux muraux enrobés par les étagères en planches de bois massif (22 mm). Celles-ci sont supportées par des équerres courtes et fixées aux extrémités sur des fers plats disposés en parallèle. Les tasseaux (50 x 50 mm), chevillés et boulonnés dans le mur, présentent des mortaises permettant l'encastrement des équerres. Tasseaux et équerres en chêne soutiennent les étagères de 18 cm de profondeur.

LES FIXATIONS MURALES

La fixation des étagères directement sur un mur est envisageable, si leur épaisseur permet d'encastrer à l'intérieur, soit des tasseaux muraux, soit des tiges métalliques, qu'elles soient filetées ou non. Grâce à ces systèmes, les étagères peuvent supporter de lourdes charges sur de grandes longueurs à condition de respecter les distances requises entre les supports.

Longueur	Latté	Contreplaqué	MDF	Aggloméré	Agglo mélaminé
60 cm	15 mm : 47 kg 18 mm : 90 kg 22 mm : 130 kg	15 mm : 45 kg 18 mm : 80 kg 22 mm : 140 kg	16 mm : 40 kg 19 mm : 70 kg 22 mm : 110 kg	16 mm : 20 kg 19 mm : 33 kg 22 mm : 45 kg	16 mm : 33 kg 19 mm : 55 kg 22 mm : 80 kg
80 cm	15 mm : 27 kg 18 mm : 55 kg 22 mm : 75 kg	15 mm : 30 kg 18 mm : 60 kg 22 mm : 85 kg	16 mm : 22 kg 19 mm : 40 kg 22 mm : 60 kg	16 mm : 10 kg 19 mm : 20 kg 22 mm : 30 kg	16 mm : 20 kg 19 mm : 30 kg 22 mm : 50 kg
100 cm	15 mm : 15 kg 18 mm : 30 kg 22 mm : 45 kg	15 mm : 18 kg 18 mm : 36 kg 22 mm : 55 kg	16 mm : 10kg 19 mm : 20 kg 22 mm : 30 kg	16 mm : 4 kg 19 mm : 6 kg 22 mm : 8 kg	16 mm : 6 kg 19 mm : 10 kg 22 mm : 20 kg

LES TASSEAUX ENCASTRÉS

Le principe de pose s'envisage pour des tablettes de 3,5 cm minimum. Le bois massif implique d'effectuer un rainurage dans l'épaisseur des chants avec une machine à rainurer ou une défonceuse. L'épaisseur des rainures équivaut à celle des trois tasseaux qui viendront s'y emboîter (pour une pose en niche), ou d'un seul tasseau mural, si l'étagère n'a pas d'appuis latéraux. Cet emboîtement sera nécessairement renforcé par collage et clouage. Les étagères peuvent également se composer d'un panneau central en aggloméré d'une épaisseur égale à celle du (ou des) tasseaux muraux. Sur les deux faces, on colle des panneaux plus fins et plus résistants, de taille supérieure pour qu'ils enrobent les tasseaux.

1. La composition en sandwich de cette étagère associe un panneau central en aggloméré de 19 mm d'épaisseur et des parements, en contreplaqué de 10 mm, qui dépassent le panneau central.

2. Rainurées sur 3 côtés et glissées entre 3 murs, les étagères de forte épaisseur sont maintenues sur toute leur longueur et latéralement par des tasseaux muraux emboîtés à l'intérieur.

2

1

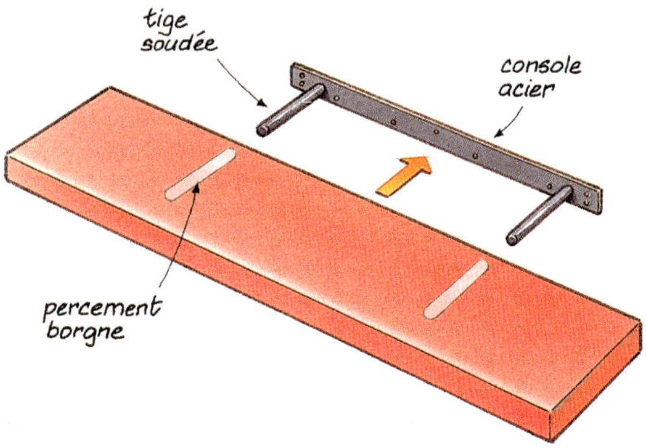

2

1. Renforcée par une armature métallique, la tablette peut supporter de lourdes charges sans fléchir.

2. Pour ces étagères animées de couleurs variées, la fixation murale utilise des tiges soudées sur une console en acier. Le chant arrière des tablettes est percé au diamètre des tiges et sur l'équivalence de leur longueur (au moins la moitié de la profondeur des tablettes). Une entaille de la dimension de la console est également réalisée au ciseau à bois. La console se visse au mur, les tablettes s'emboîtent sur les tiges et viennent se plaquer contre le mur.

3. Lignes blanches sur un fond blanc. En partie basse, montants et étagères en MDF de 40 mm d'épaisseur révèlent une animation subtile par les décalages de niveaux et de profondeur. En partie haute, les étagères se dispensent de montants. Elles sont fixées par des cornières métalliques vissées au mur et dont l'aile vient se glisser dans une rainure pratiquée sur le chant arrière.

3

LES FIXATIONS CACHÉES

Le doublage d'une paroi permet de poser des étagères sans montants et sans fixation murale apparente. La résistance du système à installer dépend de la charge prévue et de la configuration du doublage. Dans tous les cas, celui-ci permet de répartir des étagères sans aucune contrainte de longueur, ni d'épaisseur.

1

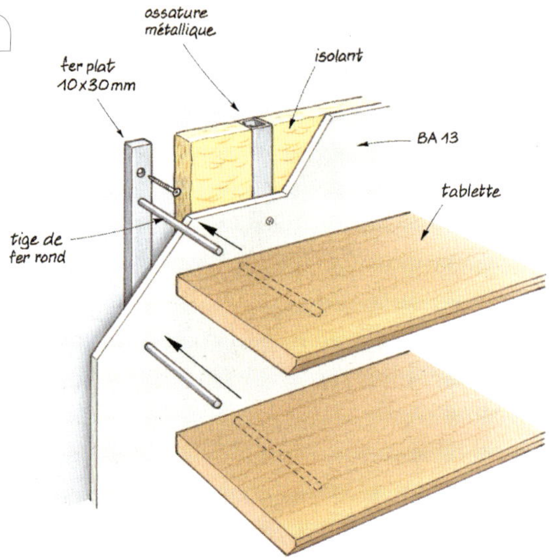

1. Le projet envisageait d'effectuer simultanément l'isolation du mur et le montage des tablettes pour qu'elles bénéficient d'une fixation invisible.

2. Le doublage isolant donne l'occasion d'installer des étagères sans montants et sans fixations apparentes. Deux fers plats chevillés et vissés dans la maçonnerie sont traversés par l'extrémité de 5 tiges de fer rond, soudées à intervalle régulier. Elles traversent l'isolant et la plaque de plâtre d'habillage avant de pénétrer en force dans l'épaisseur des tablettes préalablement percées au même diamètre (8 mm). Le chanfrein réalisé sur les chants affine la silhouette des étagères.

3. Dessinant un trait continu, les tablettes en multiplis d'okoumé (2 fois 19 mm) sont reliées entre elles par un seul montant et se détachent sur un habillage mural en bois peint. En premier lieu, des fers plats soudés formant une double équerre sont vissés dans le mur. Leurs parties horizontales traversent le panneau de bois fixé sur tasseaux et viennent s'encastrer dans l'épaisseur des étagères. Une subtilité pour augmenter l'effet « aérien » de cet ouvrage : les tablettes ne touchent pas la paroi. La profondeur des entailles est donc inférieure à la longueur des fers plats. Une vis introduite dans chaque tablette traverse le fer et fait ainsi office de goupille.

4. Le panneau de doublage dissimule les platines métalliques qui sont vissées au mur pour supporter les étagères.

2

3

4

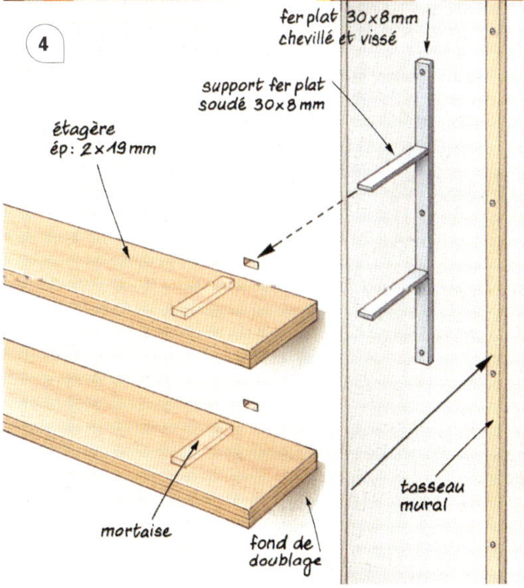
fer plat 30×8mm
chevillé et vissé
support fer plat
soudé 30×8mm
étagère
ép : 2×19mm
mortaise
fond de
doublage
tasseau
mural

CRÉDITS PHOTOGRAPHIQUES I

Nous adressons nos remerciements à tous les fabricants et distributeurs, aux architectes et aux créateurs, grâce auxquels nous avons pu illustrer cet ouvrage.

Photographie de couverture : C. Rouffio, conception A. Constantin, réalisation F. Volpon - **4e de couverture : HD** : C. Erwin, **HG** : G. Defois, **BD** : P. Louzon, **BG** : A. Duart

p. 4 A. Duarte - **p. 6** P. Louzon, conception O. Fannière, réalisation Atelier R. Boyer - **p. 8-9** K. Brunie, architecte P. Dard, réalisation Atelier R. Boyer - **p. 10** P. Binet, conception et réalisation H. Quinta pour Comteroux-Quinta, ébéniste d'art - **p. 11** C. Larit, réalisation C. Mayot pour Scandi-Déoration - **p. 12** F.-L. Ducout, réalisation architecte G. Vacheyrout - **p. 13** K. Brunie, réalisation Atelier R. Boyer -**p. 14 (1)** Antonio Duarte - **p. 14 (2)** K. Brunie, conception et réalisation Atelier R. Boyer - **p. 15** C. Erwin - **p. 16** Y. Robic - **p. 17** P. Louzon, architecte P. Lair, réalisation Atelier R. Boyer - **p. 18 (1 et 2)** K. Brunie, réalisation Atelier R. Boyer - **p. 19** K. Brunie, réalisation Atelier R. Boyer - **p. 20** P. Louzon - **p. 22** C. Erwin, architecte F. Clermont - **p. 23** A. Duarte, conception et réalisation Théo de Montalivet - **p. 24** A. Duarte, réalisation Théo de Montalivet - **p. 25** A. Duarte, réalisation Atelier R. Boyer - **p. 26 (1)** A. Duarte, architecte Paul Lutyens, réalisation Atelier R. Boyer - **p. 26 (2)** C. Erwin, sculpture L. Montreer - **p. 27** Y. Robic - **p. 28 (1)** A. Duarte, architecte A. Rondineau pour XIe Design, peinture Finale - **p. 28 (2)** F.-L. Ducout - **p. 29** A. Duarte, architecte S. Polony - **p. 30 (1 et 2)** A. Duarte - **p. 31** A. Duarte, architecte C. Bénitte - **p. 32 (1)** D.R. - **p. 32 (2)** P. Louzon, architecte F. Thoulouze - **p. 33** C. Erwin - **p. 34** D.R. - **p. 35** C. Rouffio, conception A. Constantin, réalisation F. Volpon - **p. 36 (haut)** D.R. - **p. 36 (1)** A. Duarte, architecte O. Fannière, réalisation Atelier R. Boyer - **p. 37** P. Louzon, réalisation Atelier R. Boyer - **p. 38** (gauche) D.R. - **p. 38 (1)** dessin D. Lechaud - **p. 39** P. Louzon, architecte F. Karpinski - **p. 40** MiquelTres, réalisation Lorenzo Franco - **p. 41** C. Larit, architecte J. Gourvenec - **p. 42 (1)** A. Duarte, architecte T. Mazelier - **p. 42 (2)** A. Duarte, architecte T. Mazelier - **p. 43** A. Duarte, Abstrakt Architecture - **p. 44** A. Duarte, architecte C. Dargaud - **p. 46 (1)** P. Smith - **p. 46 (2)** K. Brunie, conception M. Bourdais, réalisation Atelier R. Boyer - **p. 47** A. Duarte, architecte P. Luytens, réalisation Atelier R. Boyer - **p. 48 (1 et 2)** A. Duarte - **p. 48 (3)** dessin D. Lechaud - **p. 9** A. Duarte, conception C. Benitte - **p. 50 (1)** G. Defois, conception et réalisation O. Maillard - **p. 50 (2)** A. Duarte, architecte A. Reychman - **p. 51** P. Louzon - **p. 52 (1)** dessin D. Lechaud - **p. 52 (2)** T. Favatier, architecte M. Barcilon, réalisation Atelier R. Boyer - **p. 53** P. Louzon - **p. 54 (1)** P. Louzon, réalisation M. Barcilon - **p. 54 (2)** A. Duarte, réalisation J. Howard pour Vong Design Collaborative - **p. 55** A. Duarte, architecte A. Cuzon - **p. 56-57 (1 à 3)** A. Duarte, architecte C. Bénitte, réalisation A. Teillac - **p. 58** Y. Robic, architecte J. Baylac - **p. 59** P. Louzon, conception architecte P. Lair et J.- P. Roynette, réalisation Atelier R. Boyer - **p. 60** A. Duarte, architecte B. Wauthier - **p. 61** A. Duarte, conception et réalisation Atelier R. Boyer - **p. 62 (1)** Y. Robic, architecte J. Baylac - **p. 62 (2)** Y. Robic - **p. 63** P. Eoche, Architectes Les Comptoirs de l'Architecture - **p. 64 (1)** C. Rouffio, architecte T. Cazes - **p. 64 (2)** C. Rouffio - **p. 65** A. Duarte, architecte P. Pognant - **p. 66 (1)** Y. Robic, architecte R. Scheller - **p. 66 (2)** dessin D. Lechaud - **p. 67** P. Eoche - **p. 68 (1)** A. Duarte, architecte F. Curato - **p. 68 (2)** dessin D. Lechaud - **p. 69** Y. Robic - **p. 70** A. Duarte, conception N. Rousseau - **p. 72** P. Binet, architecte D. Cazalet - **p. 72 (bas)** dessin D. Lechaud - **p. 73** A. Duarte, réalisation Y. Rondineau - **p. 73 (bas)** dessin D. Lechaud - **p. 74** P. Louzon - **p. 75** P. Louzon, architecte P. Maidenberg - **p. 76 (1)** dessin D. Lechaud - **p. 76 (2)** P. Louzon - **p. 77** A. Duarte, architecte Y. Mahieu Spoutnik Architecture, peinture en rouge et gris de Bourgeois-Potage - **p. 78 (1)** dessin D. Lechaud - **p. 78 (2)** O. Perrot, réalisation C. Bénitte - **p. 79 (3)** K. Brunie, architectes P. Georgieff-Bonnenfant, réalisation Atelier R. Boyer - **p. 79 (4)** dessin D. Lechaud

Direction d'édition : Thierry Lamarre
Coordination : Adeline Lobut
Réalisation et textes : Caherine Levard
Correction-révision : Isabelle Misery
Conception graphique - mise en pages : Either studio
Couverture : Either studio

Éditions Massin
Publiées par Société d'Information et de Créations - SIC
Une société de Marie Claire Album
10, bd des Frères-Voisin, 92792 Issy-Les-Moulineaux Cedex 9 - France
Tél. 01 41 46 88 88
R.C.S. Nanterre 302 114 509
Sarl au capital de 3 822 000 euros

ISBN : 978-2-7072-0701-2
N° Éditeur : 38369
Imprimé par G. Canale & C., (Roumanie)
Dépôt légal : février 2011

www.massin.fr